Mon
AGENDA
de professeur des écoles

Calendrier annuel

AOÛT			SEPTEMBRE			OCTOBRE		
1	....	D	1	....	M	1	....	V
2	....	L	2	....	J	2	....	S
3	....	M	3	....	V	3	....	D
4	....	M	4	....	S	4	....	L
5	....	J	5	....	D	5	....	M
6	....	V	6	....	L	6	....	M
7	....	S	7	....	M	7	....	J
8	....	D	8	....	M	8	....	V
9	....	L	9	....	J	9	....	S
10	....	M	10	....	V	10	....	D
11	....	M	11	....	S	11	....	L
12	....	J	12	....	D	12	....	M
13	....	V	13	....	L	13	....	M
14	....	S	14	....	M	14	....	J
15	*Assomption*	D	15	....	M	15	....	V
16	....	L	16	....	J	16	....	S
17	....	M	17	....	V	17	....	D
18	....	M	18	....	S	18	....	L
19	....	J	19	....	D	19	....	M
20	....	V	20	....	L	20	....	M
21	....	S	21	....	M	21	....	J
22	....	D	22	....	M	22	....	V
23	....	L	23	....	J	23	....	S
24	....	M	24	....	V	24	....	D
25	....	M	25	....	S	25	....	L
26	....	J	26	....	D	26	....	M
27	....	V	27	....	L	27	....	M
28	....	S	28	....	M	28	....	J
29	....	D	29	....	M	29	....	V
30	....	L	30	....	J	30	....	S
31	....	M				31	....	D

Zones A, B, C : Vacances du samedi 23 octobre au lundi 8 novembre 2021

2021-2022

NOVEMBRE

1	*La Toussaint*	L
2	....	M
3	....	M
4	....	J
5	....	V
6	....	S
7	....	D
8	....	L
9	....	M
10	....	M
11	*Armistice*	J
12	....	V
13	....	S
14	....	D
15	....	L
16	....	M
17	....	M
18	....	J
19	....	V
20	....	S
21	....	D
22	....	L
23	....	M
24	....	M
25	....	J
26	....	V
27	....	S
28	....	D
29	....	L
30	....	M

DÉCEMBRE

1	....	M
2	....	J
3	....	V
4	....	S
5	....	D
6	....	L
7	....	M
8	....	M
9	....	J
10	....	V
11	....	S
12	....	D
13	....	L
14	....	M
15	....	M
16	....	J
17	....	V
18	....	S
19	....	D
20	....	L
21	....	M
22	....	M
23	....	J
24	....	V
25	*Noël*	S
26	....	D
27	....	L
28	....	M
29	....	M
30	....	J
31	....	V

JANVIER

1	*Jour de l'an*	S
2	....	D
3	....	L
4	....	M
5	....	M
6	....	J
7	....	V
8	....	S
9	....	D
10	....	L
11	....	M
12	....	M
13	....	J
14	....	V
15	....	S
16	....	D
17	....	L
18	....	M
19	....	M
20	....	J
21	....	V
22	....	S
23	....	D
24	....	L
25	....	M
26	....	M
27	....	J
28	....	V
29	....	S
30	....	D
31	....	L

Zones A, B, C : Vacances du samedi 18 décembre au lundi 3 janvier 2022

Calendrier annuel

FÉVRIER			MARS			AVRIL		
1	....	M	1	....	M	1	....	V
2	....	M	2	....	M	2	....	S
3	....	J	3	....	J	3	....	D
4	....	V	4	....	V	4	....	L
5	....	S	5	....	S	5	....	M
6	....	D	6	....	D	6	....	M
7	....	L	7	....	L	7	....	J
8	....	M	8	....	M	8	....	V
9	....	M	9	....	M	9	....	S
10	....	J	10	....	J	10	....	D
11	....	V	11	....	V	11	....	L
12	....	S	12	....	S	12	....	M
13	....	D	13	....	D	13	....	M
14	....	L	14	....	L	14	....	J
15	....	M	15	....	M	15	....	V
16	....	M	16	....	M	16	....	S
17	....	J	17	....	J	17	....	D
18	....	V	18	....	V	18	*Lundi de Pâques*	L
19	....	S	19	....	S	19	....	M
20	....	D	20	....	D	20	....	M
21	....	L	21	....	L	21	....	J
22	....	M	22	....	M	22	....	V
23	....	M	23	....	M	23	....	S
24	....	J	24	....	J	24	....	D
25	....	V	25	....	V	25	....	L
26	....	S	26	....	S	26	....	M
27	....	D	27	....	D	27	....	M
28	....	L	28	....	L	28	....	J
			29	....	M	29	....	V
			30	....	M	30	....	S
			31	....	J			

Zone A : du 12 au 28 février | **Zone B** : du 5 au 21 février | **Zone C** : du 19 février au 7 mars
du 16 avril au 2 mai | du 9 au 25 avril | du 23 avril au 9 mai

2021-2022

MAI

1	*Fête du Travail*	D
2	....	L
3	....	M
4	....	M
5	....	J
6	....	V
7	....	S
8	*Victoire des Alliés*	D
9	....	L
10	....	M
11	....	M
12	....	J
13	....	V
14	....	S
15	....	D
16	....	L
17	....	M
18	....	M
19	....	J
20	....	V
21	....	S
22	....	D
23	....	L
24	....	M
25	....	M
26	*Jeudi de l'Ascension*	J
27	....	V
28	....	S
29	....	D
30	....	L
31	....	M

JUIN

1	....	M
2	....	J
3	....	V
4	....	S
5	....	D
6	*Lundi de Pentecôte*	L
7	....	M
8	....	M
9	....	J
10	....	V
11	....	S
12	....	D
13	....	L
14	....	M
15	....	M
16	....	J
17	....	V
18	....	S
19	....	D
20	....	L
21	....	M
22	....	M
23	....	J
24	....	V
25	....	S
26	....	D
27	....	L
28	....	M
29	....	M
30	....	J

JUILLET

1	....	V
2	....	S
3	....	D
4	....	L
5	....	M
6	....	M
7	....	J
8	....	V
9	....	S
10	....	D
11	....	L
12	....	M
13	....	M
14	*Fête nationale*	J
15	....	V
16	....	S
17	....	D
18	....	L
19	....	M
20	....	M
21	....	J
22	....	V
23	....	S
24	....	D
25	....	L
26	....	M
27	....	M
28	....	J
29	....	V
30	....	S
31	....	D

Zones A, B, C : Vacances d'été à partir du jeudi 7 juillet 2022

Mes collègues

Nom, prénom : ____________________ Mail : ____________________
École : ____________________ Téléphone : ____________________
Classe : ____________________ Anniversaire : ____________________

Nom, prénom : ____________________ Mail : ____________________
École : ____________________ Téléphone : ____________________
Classe : ____________________ Anniversaire : ____________________

Nom, prénom : ____________________ Mail : ____________________
École : ____________________ Téléphone : ____________________
Classe : ____________________ Anniversaire : ____________________

Nom, prénom : ____________________ Mail : ____________________
École : ____________________ Téléphone : ____________________
Classe : ____________________ Anniversaire : ____________________

Nom, prénom : ____________________ Mail : ____________________
École : ____________________ Téléphone : ____________________
Classe : ____________________ Anniversaire : ____________________

Mes collègues

Nom, prénom : ______________________ Mail : ______________________

École : ______________________ Téléphone : ______________________

Classe : ______________________ Anniversaire : ______________________

Nom, prénom : ______________________ Mail : ______________________

École : ______________________ Téléphone : ______________________

Classe : ______________________ Anniversaire : ______________________

Nom, prénom : ______________________ Mail : ______________________

École : ______________________ Téléphone : ______________________

Classe : ______________________ Anniversaire : ______________________

Nom, prénom : ______________________ Mail : ______________________

École : ______________________ Téléphone : ______________________

Classe : ______________________ Anniversaire : ______________________

Nom, prénom : ______________________ Mail : ______________________

École : ______________________ Téléphone : ______________________

Classe : ______________________ Anniversaire : ______________________

Mes autres contacts

Nom, prénom : ____________________ Mail : ____________________
(ou organisme)
École : ____________________ Téléphone : ____________________

Nom, prénom : ____________________ Mail : ____________________
(ou organisme)
École : ____________________ Téléphone : ____________________

Nom, prénom : ____________________ Mail : ____________________
(ou organisme)
École : ____________________ Téléphone : ____________________

Nom, prénom : ____________________ Mail : ____________________
(ou organisme)
École : ____________________ Téléphone : ____________________

Nom, prénom : ____________________ Mail : ____________________
(ou organisme)
École : ____________________ Téléphone : ____________________

Nom, prénom : ____________________ Mail : ____________________
(ou organisme)
École : ____________________ Téléphone : ____________________

Mes mots de passe

WIFI :

Photocopieur :

PC :

Mes emplois du temps

HORAIRES	LUNDI	MARDI
	Repas	Repas

MERCREDI	JEUDI	VENDREDI
Repas	Repas	Repas

Mes emplois du temps

HORAIRES	LUNDI	MARDI
	Repas	Repas

MERCREDI	JEUDI	VENDREDI
Repas	Repas	Repas

Mes projets pour l'année

Je planifie ma rentrée

ADMINISTRATIF ET PRÉPARATIONS

- [ ] Réaliser la programmation annuelle
- [ ] Préparer l'emploi du temps
- [ ] Rédiger le mot de rentrée aux parents
- [ ] ....
- [ ] ....
- [ ] ....
- [ ] ....
- [ ] ....
- [ ] ....
- [ ] ....

GESTION DE LA CLASSE ET DES ÉLÈVES

- [ ] Aménager la classe
- [ ] Préparer les supports des élèves
- [ ] Imprimer les étiquettes pour les cahiers
- [ ] ....
- [ ] ....
- [ ] ....
- [ ] ....
- [ ] ....

PREMIER JOUR

- [ ] ....
- [ ] ....
- [ ] ....
- [ ] ....
- [ ] ....
- [ ] ....
- [ ] ....
- [ ] ....
- [ ] ....
- [ ] ....

DIVERS

- [ ] ....
- [ ] ....
- [ ] ....
- [ ] ....
- [ ] ....
- [ ] ....
- [ ] ....
- [ ] ....
- [ ] ....
- [ ] ....
- [ ] ....

Réunion de rentrée

Mes élèves

ÉCOLE DE ______________________

Nom / Prénom	Date de naissance	G	D	Lunettes	Besoins particuliers

Mes élèves

ÉCOLE DE ______________________________

Nom / Prénom	Date de naissance	G	D	Lunettes	Besoins particuliers

Mes élèves

ÉCOLE DE ______________________________

Nom / Prénom	Date de naissance	G	D	Lunettes	Besoins particuliers

Mes élèves

ÉCOLE DE ______________________________

Nom / Prénom	Date de naissance	G	D	Lunettes	Besoins particuliers

Les comptes de la classe

BUDGET DES SORTIES SCOLAIRES

DATE	SORTIE	MONTANT

RECETTES

DATE	ACTION	MONTANT

DÉPENSES

DATE	SORTIE	MONTANT

BILAN ANNUEL

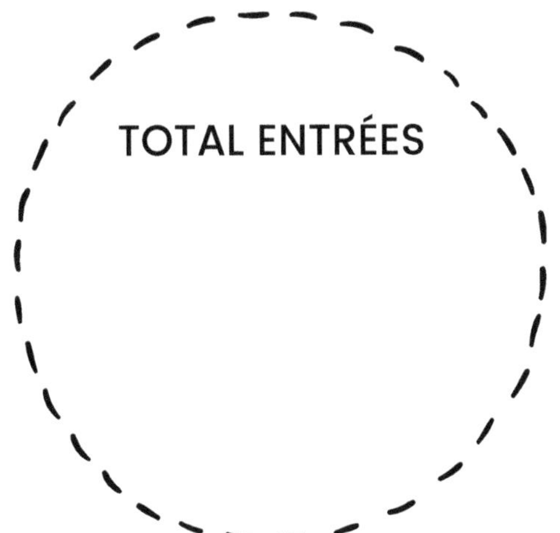

Septembre

MES PROJETS

LES ANNIV'

ÉVÈNEMENTS

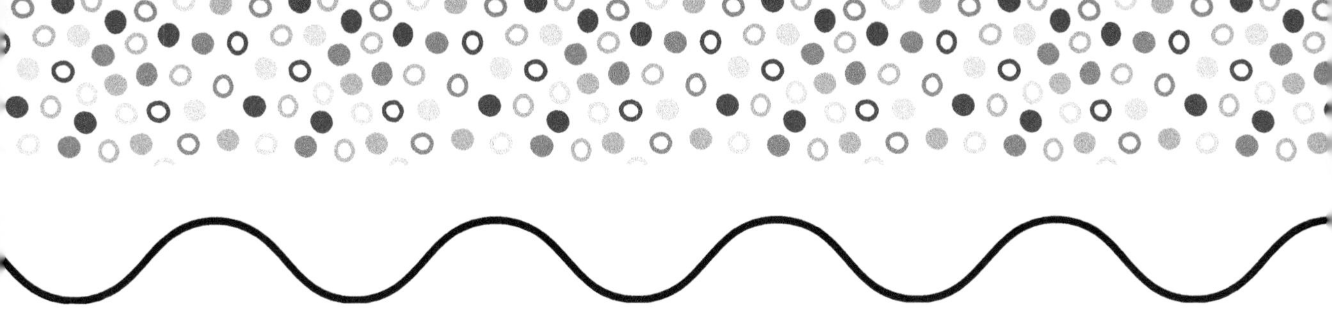

TO-DO du mois

- ....
- ....
- ....
- ....
- ....
- ....
- ....
- ....
- ....
- ....
- ....
- ....
- ....
- ....
- ....
- ....

LUNDI	MARDI	MERCREDI	JEUDI	VENDREDI
30	31	1	2	3
6	7	8	9	10
13	14	15	16	17
20	21	22	23	24
27	28	29	30	1

SAMEDI	DIMANCHE
4	5
11	12
18	19
25	26
2	3

Août /
Septembre
Lundi 30
Mardi 31
Mercredi 01
To Do List

2021

SEMAINE 35

LUN	MAR	MER	JEU	VEN	SAM	DIM
		1	2	3	4	5
6	7	8	9	10	11	12
13	14	15	16	17	18	19
20	21	22	23	24	25	26
27	28	29	30			

Jeudi **02**

Vendredi **03**

Samedi **04** Dimanche **05**

Septembre

Lundi 06

Mardi 07

Mercredi 08

To Do List

- ....
- ....
- ....
- ....

2021

LUN	MAR	MER	JEU	VEN	SAM	DIM
		1	2	3	4	5
6	7	8	9	10	11	12
13	14	15	16	17	18	19
20	21	22	23	24	25	26
27	28	29	30			

Jeudi 09

Vendredi 10

Samedi 11

Dimanche 12

Septembre

Lundi 13

Mardi 14

Mercredi 15

To Do List

- ....
- ....
- ....
- ....

2021

SEMAINE 37

LUN	MAR	MER	JEU	VEN	SAM	DIM
		1	2	3	4	5
6	7	8	9	10	11	12
13	14	15	16	17	18	19
20	21	22	23	24	25	26
27	28	29	30			

Jeudi **16**

Vendredi **17**

Samedi **18** Dimanche **19**

Septembre

Lundi **20**

Mardi **21**

Mercredi **22**

To Do List

- ....
- ....
- ....
- ....

2021

LUN	MAR	MER	JEU	VEN	SAM	DIM
		1	2	3	4	5
6	7	8	9	10	11	12
13	14	15	16	17	18	19
20	21	22	23	24	25	26
27	28	29	30			

Jeudi **23**

Vendredi **24**

Samedi **25** Dimanche **26**

Septembre / Octobre

Lundi 27

Mardi 28

Mercredi 29

To Do List

- ....
- ....
- ....
- ....

2021

LUN	MAR	MER	JEU	VEN	SAM	DIM
		1	2	3	4	5
6	7	8	9	10	11	12
13	14	15	16	17	18	19
20	21	22	23	24	25	26
27	28	29	30			

....

....

....

....

Jeudi **30**

Vendredi **01**

Samedi **02** Dimanche **03**

Octobre

MES PROJETS

LES ANNIV'

ÉVÈNEMENTS

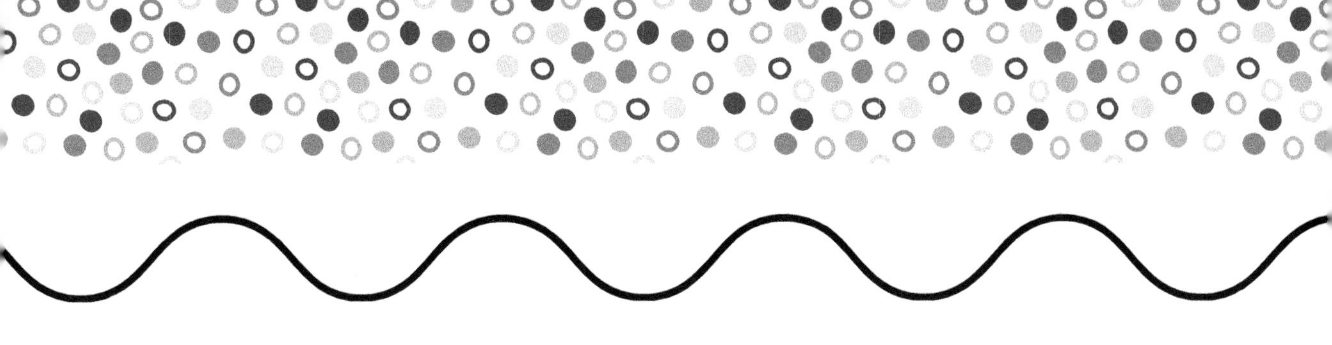

TO-DO du mois

- ....
- ....
- ....
- ....
- ....
- ....
- ....
- ....
- ....
- ....
- ....
- ....
- ....
- ....
- ....
- ....

LUNDI	MARDI	MERCREDI	JEUDI	VENDREDI
27	28	29	30	1
4	5	6	7	8
11	12	13	14	15
18	19	20	21	22
25	26	27	28	29

SAMEDI	DIMANCHE
2	3
9	10
16	17
23	24
30	31

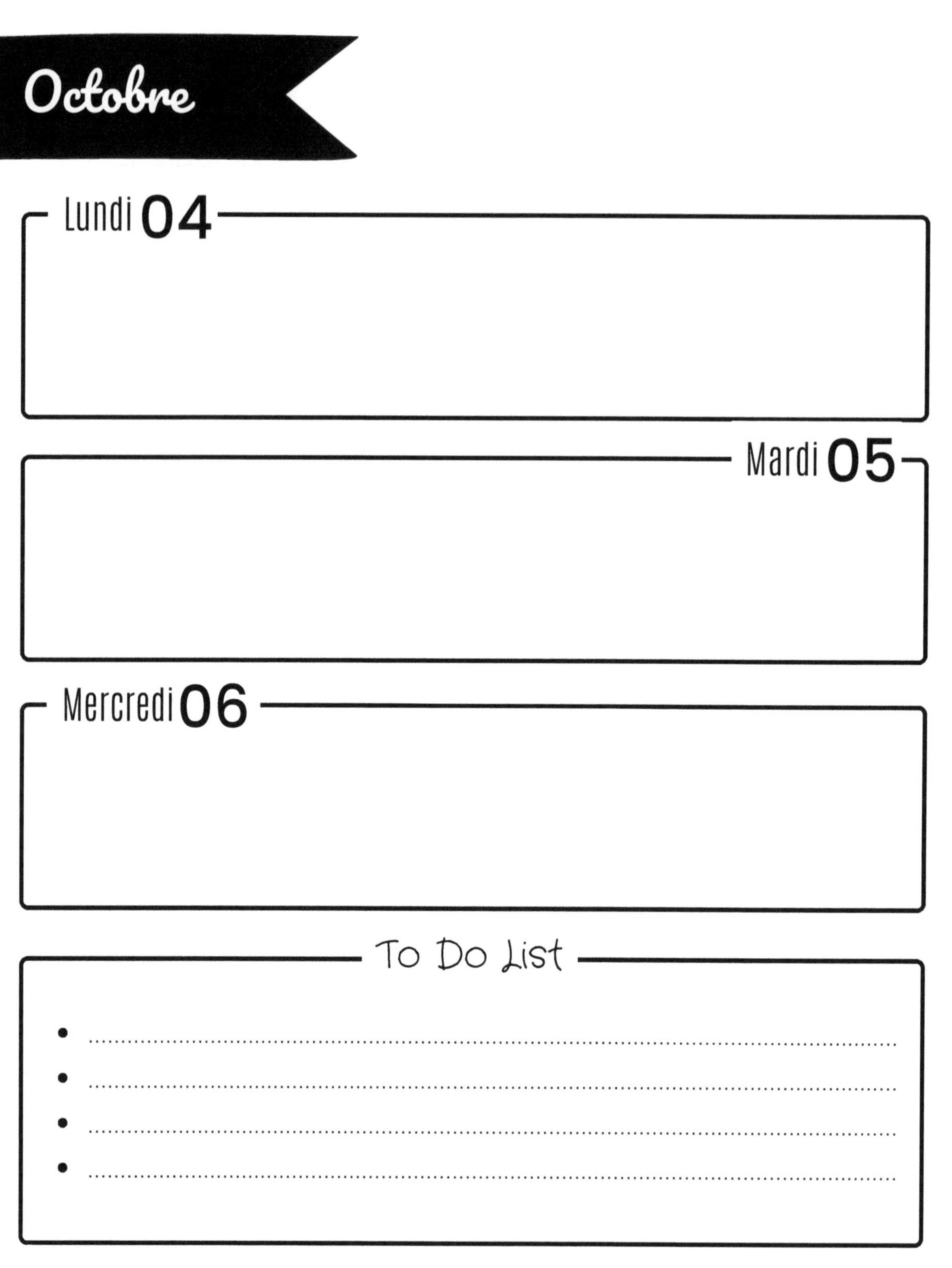

Octobre

Lundi 04

Mardi 05

Mercredi 06

To Do List

- ....
- ....
- ....
- ....

2021

LUN	MAR	MER	JEU	VEN	SAM	DIM
				1	2	3
4	5	6	7	8	9	10
11	12	13	14	15	16	17
18	19	20	21	22	23	24
25	26	27	28	29	30	31

Jeudi **07**

Vendredi **08**

Samedi **09** Dimanche **10**

Octobre

Lundi **11**

Mardi **12**

Mercredi **13**

To Do List

- ....
- ....
- ....
- ....

2021

SEMAINE 41

LUN	MAR	MER	JEU	VEN	SAM	DIM
				1	2	3
4	5	6	7	8	9	10
11	12	13	14	15	16	17
18	19	20	21	22	23	24
25	26	27	28	29	30	31

Jeudi **14**

Vendredi **15**

Samedi **16** Dimanche **17**

Octobre

Lundi 18

Mardi 19

Mercredi 20

To Do List

- ....
- ....
- ....
- ....

2021

LUN	MAR	MER	JEU	VEN	SAM	DIM
				1	2	3
4	5	6	7	8	9	10
11	12	13	14	15	16	17
18	19	20	21	22	23	24
25	26	27	28	29	30	31

Jeudi **21**

Vendredi **22**

Samedi **23** Dimanche **24**

Octobre

Lundi 25

Mardi 26

Mercredi 27

To Do List

- ....
- ....
- ....
- ....

2021

LUN	MAR	MER	JEU	VEN	SAM	DIM
				1	2	3
4	5	6	7	8	9	10
11	12	13	14	15	16	17
18	19	20	21	22	23	24
25	26	27	28	29	30	31

Jeudi **28**

Vendredi **29**

Samedi **30** Dimanche **31**

Novembre

MES PROJETS

LES ANNIV'

ÉVÈNEMENTS

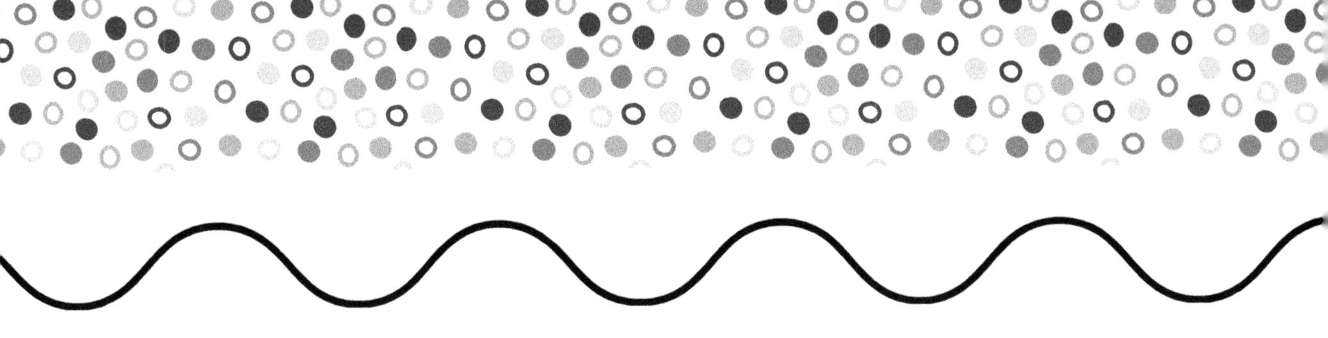

TO-DO du mois

- ....
- ....
- ....
- ....
- ....
- ....
- ....
- ....
- ....
- ....
- ....
- ....
- ....
- ....
- ....
- ....

LUNDI	MARDI	MERCREDI	JEUDI	VENDREDI
1	2	3	4	5
8	9	10	11	12
15	16	17	18	19
22	23	24	25	26
29	30	1	2	3

SAMEDI	DIMANCHE
6	7
13	14
20	21
27	28
4	5

Novembre

Lundi 01

Mardi 02

Mercredi 03

To Do List

- ....
- ....
- ....
- ....

2021

LUN	MAR	MER	JEU	VEN	SAM	DIM
1	2	3	4	5	6	7
8	9	10	11	12	13	14
15	16	17	18	19	20	21
22	23	24	25	26	27	28
29	30					

Jeudi **04**

Vendredi **05**

Samedi **06** Dimanche **07**

Novembre

Lundi 08

Mardi 09

Mercredi 10

To Do List

- ....
- ....
- ....
- ....

2021

SEMAINE 45

LUN	MAR	MER	JEU	VEN	SAM	DIM
1	2	3	4	5	6	7
8	9	10	11	12	13	14
15	16	17	18	19	20	21
22	23	24	25	26	27	28
29	30					

Jeudi **11**

Vendredi **12**

Samedi **13** Dimanche **14**

Novembre

Lundi **15**

Mardi **16**

Mercredi **17**

To Do List

- ....
- ....
- ....
- ....

2021

LUN	MAR	MER	JEU	VEN	SAM	DIM
1	2	3	4	5	6	7
8	9	10	11	12	13	14
15	16	17	18	19	20	21
22	23	24	25	26	27	28
29	30					

Jeudi **18**

Vendredi **19**

Samedi **20** Dimanche **21**

Novembre

Lundi 22

Mardi 23

Mercredi 24

To Do List

- ....
- ....
- ....
- ....

2021

LUN	MAR	MER	JEU	VEN	SAM	DIM
1	2	3	4	5	6	7
8	9	10	11	12	13	14
15	16	17	18	19	20	21
22	23	24	25	26	27	28
29	30					

Jeudi **25**

Vendredi **26**

Samedi **27** Dimanche **28**

Décembre

MES PROJETS

LES ANNIV'

ÉVÈNEMENTS

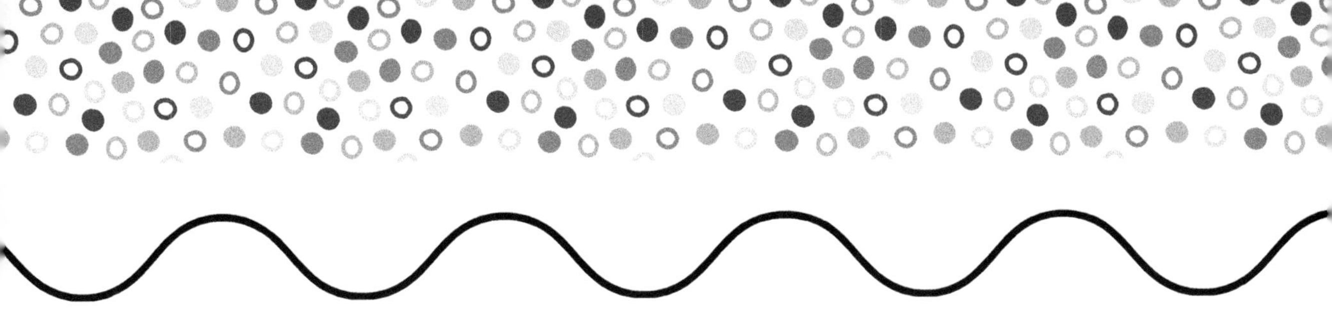

TO-DO du mois

- ....
- ....
- ....
- ....
- ....
- ....
- ....
- ....
- ....
- ....
- ....
- ....
- ....
- ....
- ....
- ....

LUNDI	MARDI	MERCREDI	JEUDI	VENDREDI
30	31	1	2	3
6	7	8	9	10
13	14	15	16	17
20	21	22	23	24
27	28	29	30	31

SAMEDI	DIMANCHE
4	5
11	12
18	19
25	26
1	2

Novembre / Décembre

Lundi 29

Mardi 30

Mercredi 01

To Do List

- ....
- ....
- ....
- ....

2021

LUN	MAR	MER	JEU	VEN	SAM	DIM
		1	2	3	4	5
6	7	8	9	10	11	12
13	14	15	16	17	18	19
20	21	22	23	24	25	26
27	28	29	30	31		

Jeudi **02**

Vendredi **03**

Samedi **04** Dimanche **05**

Décembre

Lundi 06

Mardi 07

Mercredi 08

To Do List

- ....
- ....
- ....
- ....

2021

SEMAINE 49

LUN	MAR	MER	JEU	VEN	SAM	DIM
		1	2	3	4	5
6	7	8	9	10	11	12
13	14	15	16	17	18	19
20	21	22	23	24	25	26
27	28	29	30	31		

Jeudi **09**

Vendredi **10**

Samedi **11** Dimanche **12**

Décembre

Lundi **13**

Mardi **14**

Mercredi **15**

To Do List

- ....
- ....
- ....
- ....

2021

LUN	MAR	MER	JEU	VEN	SAM	DIM
		1	2	3	4	5
6	7	8	9	10	11	12
13	14	15	16	17	18	19
20	21	22	23	24	25	26
27	28	29	30	31		

Jeudi **16**

Vendredi **17**

Samedi **18** Dimanche **19**

Décembre

Lundi **20**

Mardi **21**

Mercredi **22**

To Do List

- ....
- ....
- ....
- ....

2021

SEMAINE 51

LUN	MAR	MER	JEU	VEN	SAM	DIM
		1	2	3	4	5
6	7	8	9	10	11	12
13	14	15	16	17	18	19
20	21	22	23	24	25	26
27	28	29	30	31		

Jeudi **23**

Vendredi **24**

Samedi **25** Dimanche **26**

Décembre / Janvier

Lundi 27

Mardi 28

Mercredi 29

To Do List

- ....
- ....
- ....
- ....

2021

LUN	MAR	MER	JEU	VEN	SAM	DIM
		1	2	3	4	5
6	7	8	9	10	11	12
13	14	15	16	17	18	19
20	21	22	23	24	25	26
27	28	29	30	31		

Jeudi **30**

Vendredi **31**

Samedi **01** Dimanche **02**

Janvier

MES PROJETS

LES ANNIV'

ÉVÈNEMENTS

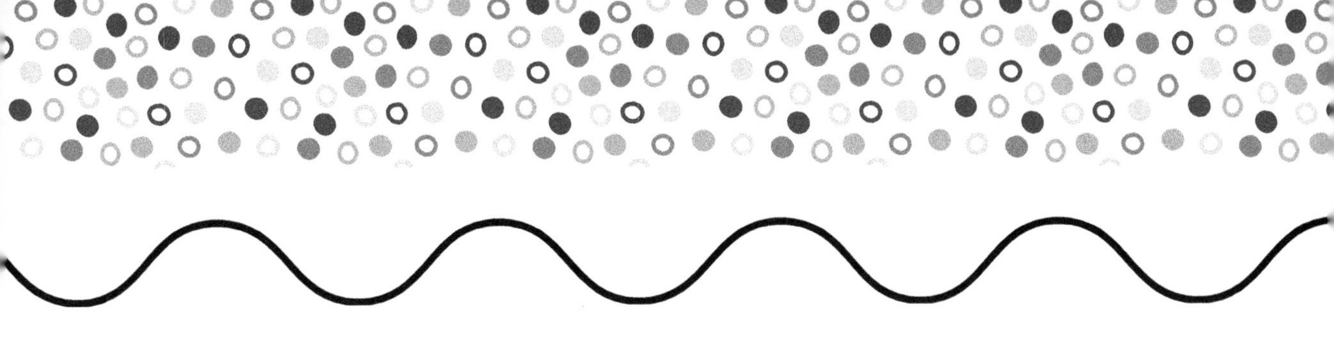

TO-DO du mois

- ....
- ....
- ....
- ....
- ....
- ....
- ....
- ....
- ....
- ....
- ....
- ....
- ....
- ....
- ....
- ....

LUNDI	MARDI	MERCREDI	JEUDI	VENDREDI
27	28	29	30	31
3	4	5	6	7
10	11	12	13	14
17	18	19	20	21
24	25	26	27	28
31	1	2	3	4

SAMEDI	DIMANCHE
1	2
8	9
15	16
22	23
29	30
5	6

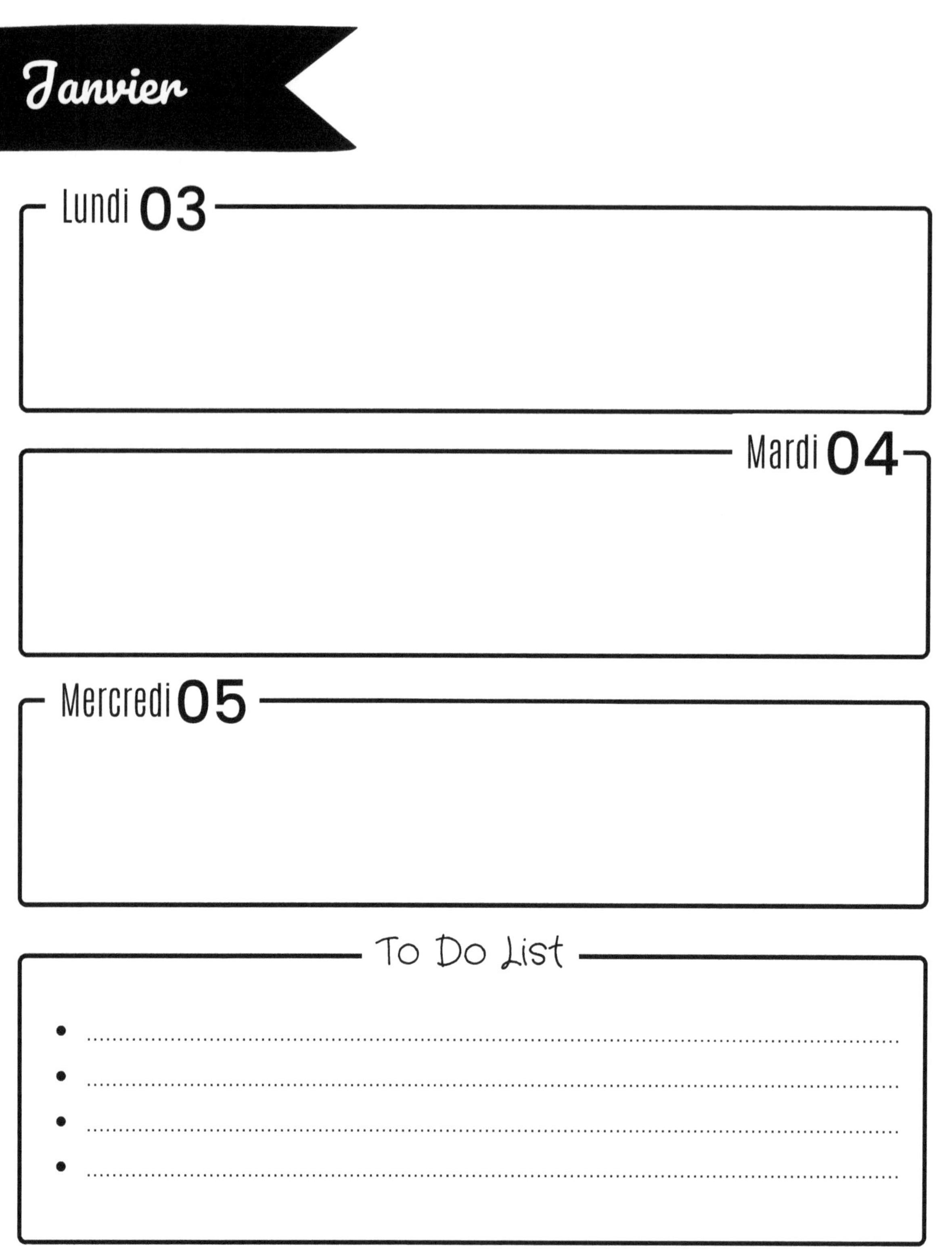
Janvier
Lundi 03
Mardi 04
Mercredi 05
To Do List

2022

SEMAINE 01

LUN	MAR	MER	JEU	VEN	SAM	DIM
					1	2
3	4	5	6	7	8	9
10	11	12	13	14	15	16
17	18	19	20	21	22	23
24	25	26	27	28	29	30
31						

Jeudi **06**

Vendredi **07**

Samedi **08** Dimanche **09**

Janvier

Lundi **10**

Mardi **11**

Mercredi **12**

To Do List

- ....
- ....
- ....
- ....

2022

SEMAINE 02

LUN	MAR	MER	JEU	VEN	SAM	DIM
					1	2
3	4	5	6	7	8	9
10	11	12	13	14	15	16
17	18	19	20	21	22	23
24	25	26	27	28	29	30
31						

Jeudi **13**

Vendredi **14**

Samedi **15** Dimanche **16**

Janvier

Lundi 17

Mardi 18

Mercredi 19

To Do List

- ....
- ....
- ....
- ....

2022

SEMAINE 03

LUN	MAR	MER	JEU	VEN	SAM	DIM
					1	2
3	4	5	6	7	8	9
10	11	12	13	14	15	16
17	18	19	20	21	22	23
24	25	26	27	28	29	30
31						

Jeudi **20**

Vendredi **21**

Samedi **22** Dimanche **23**

Janvier

Lundi **24**

Mardi **25**

Mercredi **26**

To Do List

- ....
- ....
- ....
- ....

2022

LUN	MAR	MER	JEU	VEN	SAM	DIM
					1	2
3	4	5	6	7	8	9
10	11	12	13	14	15	16
17	18	19	20	21	22	23
24	25	26	27	28	29	30
31						

Jeudi **27**

Vendredi **28**

Samedi **29** Dimanche **30**

Février

MES PROJETS

LES ANNIV'

ÉVÈNEMENTS

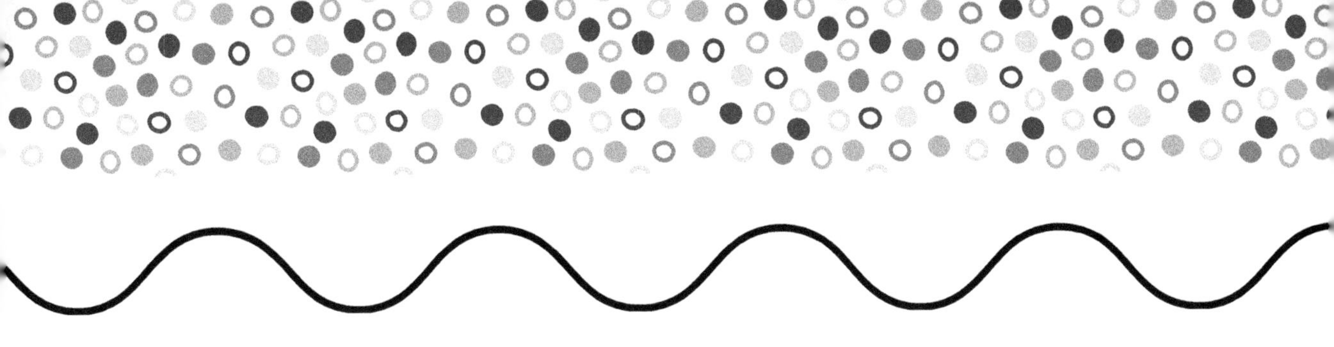

TO-DO du mois

- ....
- ....
- ....
- ....
- ....
- ....
- ....
- ....
- ....
- ....
- ....
- ....
- ....
- ....
- ....
- ....

LUNDI	MARDI	MERCREDI	JEUDI	VENDREDI
31	1	2	3	4
7	8	9	10	11
14	15	16	17	18
21	22	23	24	25
28	1	2	3	4

SAMEDI	DIMANCHE
5	6
12	13
19	20
26	27
5	6

Janvier / Février

Lundi 31

Mardi 01

Mercredi 02

To Do List

- ....
- ....
- ....
- ....

2022

LUN	MAR	MER	JEU	VEN	SAM	DIM
	1	2	3	4	5	6
7	8	9	10	11	12	13
14	15	16	17	18	19	20
21	22	23	24	25	26	27
28						

Jeudi **03**

Vendredi **04**

Samedi **05** Dimanche **06**

Février
Lundi 07
Mardi 08
Mercredi 09
To Do List

2022

SEMAINE 06

LUN	MAR	MER	JEU	VEN	SAM	DIM
	1	2	3	4	5	6
7	8	9	10	11	12	13
14	15	16	17	18	19	20
21	22	23	24	25	26	27
28						

Jeudi **10**

Vendredi **11**

Samedi **12** Dimanche **13**

Février

Lundi **14**

Mardi **15**

Mercredi **16**

To Do List

- ....
- ....
- ....
- ....

2022

SEMAINE 07

LUN	MAR	MER	JEU	VEN	SAM	DIM
	1	2	3	4	5	6
7	8	9	10	11	12	13
14	15	16	17	18	19	20
21	22	23	24	25	26	27
28						

Jeudi **17**

Vendredi **18**

Samedi **19** Dimanche **20**

Février

Lundi 21

Mardi 22

Mercredi 23

To Do List

- ....
- ....
- ....
- ....

2022

LUN	MAR	MER	JEU	VEN	SAM	DIM
	1	2	3	4	5	6
7	8	9	10	11	12	13
14	15	16	17	18	19	20
21	22	23	24	25	26	27
28						

Jeudi **24**

Vendredi **25**

Samedi **26** Dimanche **27**

MES PROJETS

LES ANNIV'

ÉVÈNEMENTS

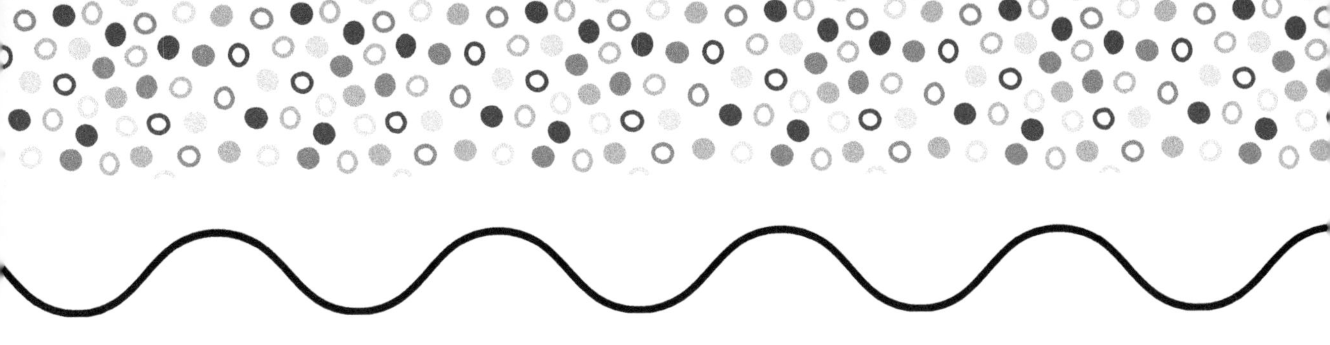

TO-DO du mois

- ....
- ....
- ....
- ....
- ....
- ....
- ....
- ....
- ....
- ....
- ....
- ....
- ....
- ....
- ....
- ....

LUNDI	MARDI	MERCREDI	JEUDI	VENDREDI
28	1	2	3	4
7	8	9	10	11
14	15	16	17	18
21	22	23	24	25
28	29	30	31	

SAMEDI	DIMANCHE
5	6
12	13
19	20
26	27
2	3

Février / Mars

Lundi 28

Mardi 01

Mercredi 02

To Do List

- ....
- ....
- ....
- ....

2022

LUN	MAR	MER	JEU	VEN	SAM	DIM
	1	2	3	4	5	6
7	8	9	10	11	12	13
14	15	16	17	18	19	20
21	22	23	24	25	26	27
28	29	30	31			

Jeudi **03**

Vendredi **04**

Samedi **05** Dimanche **06**

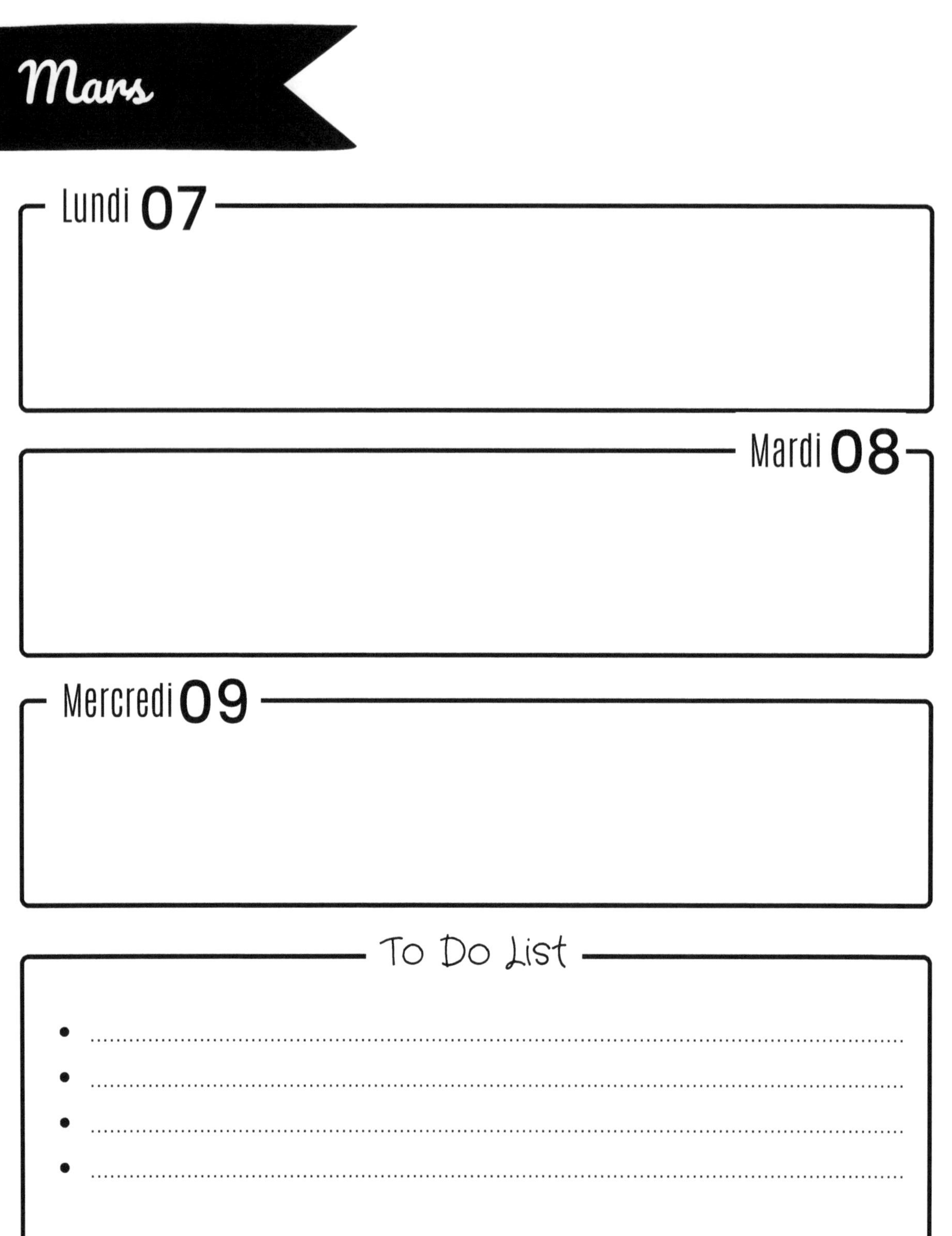

Mars

Lundi 07

Mardi 08

Mercredi 09

To Do List

- ....
- ....
- ....
- ....

2022

SEMAINE 10

LUN	MAR	MER	JEU	VEN	SAM	DIM
	1	2	3	4	5	6
7	8	9	10	11	12	13
14	15	16	17	18	19	20
21	22	23	24	25	26	27
28	29	30	31			

Jeudi 10

Vendredi 11

Samedi 12 Dimanche 13

Mars

Lundi **14**

Mardi **15**

Mercredi **16**

To Do List

- ....
- ....
- ....
- ....

2022

SEMAINE 11

LUN	MAR	MER	JEU	VEN	SAM	DIM
	1	2	3	4	5	6
7	8	9	10	11	12	13
14	15	16	17	18	19	20
21	22	23	24	25	26	27
28	29	30	31			

Jeudi **17**

Vendredi **18**

Samedi **19** Dimanche **20**

Mars

Lundi 21

Mardi 22

Mercredi 23

To Do List

- ....
- ....
- ....
- ....

2022

SEMAINE 12

LUN	MAR	MER	JEU	VEN	SAM	DIM
	1	2	3	4	5	6
7	8	9	10	11	12	13
14	15	16	17	18	19	20
21	22	23	24	25	26	27
28	29	30	31			

Jeudi **24**

Vendredi **25**

Samedi **26** Dimanche **27**

Avril

MES PROJETS

LES ANNIV'

ÉVÈNEMENTS

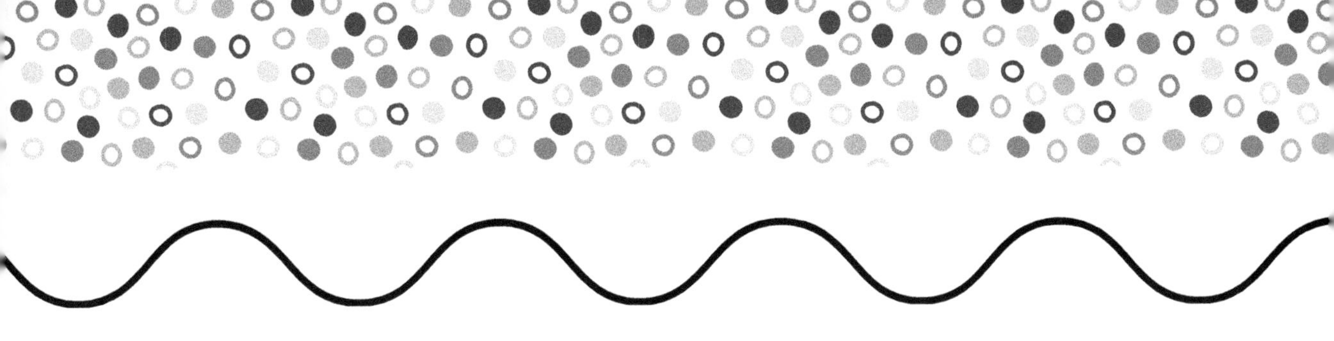

TO-DO du mois

- ...
- ...
- ...
- ...
- ...
- ...
- ...
- ...
- ...
- ...
- ...
- ...
- ...
- ...
- ...
- ...

LUNDI	MARDI	MERCREDI	JEUDI	VENDREDI
28	29	30	31	1
4	5	6	7	8
11	12	13	14	15
18	19	20	21	22
25	26	27	28	29

SAMEDI	DIMANCHE
2	3
9	10
16	17
23	24
30	

Mars / Avril

Lundi 28

Mardi 29

Mercredi 30

To Do List

- ....
- ....
- ....
- ....

2022

SEMAINE 13

LUN	MAR	MER	JEU	VEN	SAM	DIM
				1	2	3
4	5	6	7	8	9	10
11	12	13	14	15	16	17
18	19	20	21	22	23	24
25	26	27	28	29	30	

Jeudi **31**

Vendredi **01**

Samedi **02** Dimanche **03**

Avril

2022

SEMAINE 14

LUN	MAR	MER	JEU	VEN	SAM	DIM
				1	2	3
4	5	6	7	8	9	10
11	12	13	14	15	16	17
18	19	20	21	22	23	24
25	26	27	28	29	30	

....

....

....

....

Jeudi 07

Vendredi 08

Samedi 09 Dimanche 10

Avril

Lundi **11**

Mardi **12**

Mercredi **13**

To Do List

- ....
- ....
- ....
- ....

2022

SEMAINE 15

LUN	MAR	MER	JEU	VEN	SAM	DIM
				1	2	3
4	5	6	7	8	9	10
11	12	13	14	15	16	17
18	19	20	21	22	23	24
25	26	27	28	29	30	

Jeudi **14**

Vendredi **15**

Samedi **16** Dimanche **17**

Avril

Lundi 18

Mardi 19

Mercredi 20

To Do List

- ....
- ....
- ....
- ....

2022

SEMAINE 16

LUN	MAR	MER	JEU	VEN	SAM	DIM
				1	2	3
4	5	6	7	8	9	10
11	12	13	14	15	16	17
18	19	20	21	22	23	24
25	26	27	28	29	30	

Jeudi **21**

Vendredi **22**

Samedi **23** Dimanche **24**

Avril / Mai

Lundi **25**

Mardi **26**

Mercredi **27**

To Do List

- ....
- ....
- ....
- ....

2022

SEMAINE 17

LUN	MAR	MER	JEU	VEN	SAM	DIM
				1	2	3
4	5	6	7	8	9	10
11	12	13	14	15	16	17
18	19	20	21	22	23	24
25	26	27	28	29	30	

Jeudi 28

Vendredi 29

Samedi 30 Dimanche 01

MES PROJETS

LES ANNIV'

ÉVÈNEMENTS

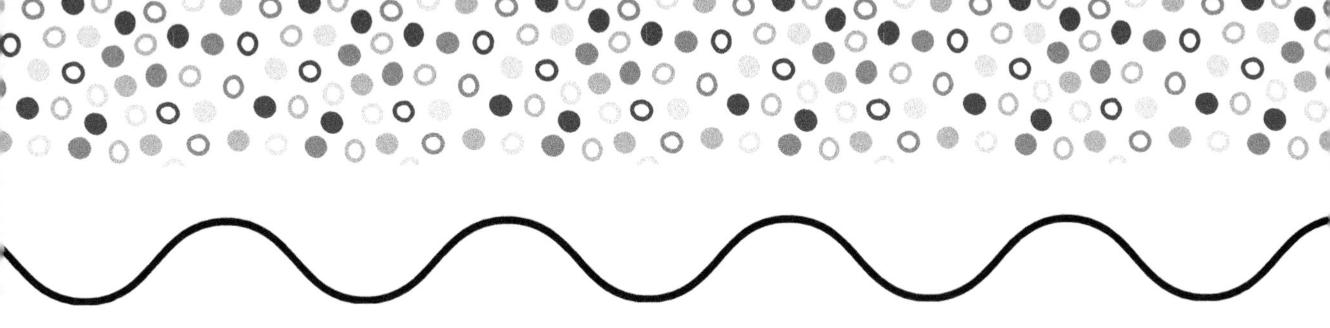

TO-DO du mois

- ....
- ....
- ....
- ....
- ....
- ....
- ....
- ....
- ....
- ....
- ....
- ....
- ....
- ....
- ....
- ....

Mai

LUNDI	MARDI	MERCREDI	JEUDI	VENDREDI
25	26	27	28	29
2	3	4	5	6
9	10	11	12	13
16	17	18	19	20
23	24	25	26	27
30	31	1	2	3

SAMEDI	DIMANCHE
30	1
7	8
14	15
21	22
28	29
4	5

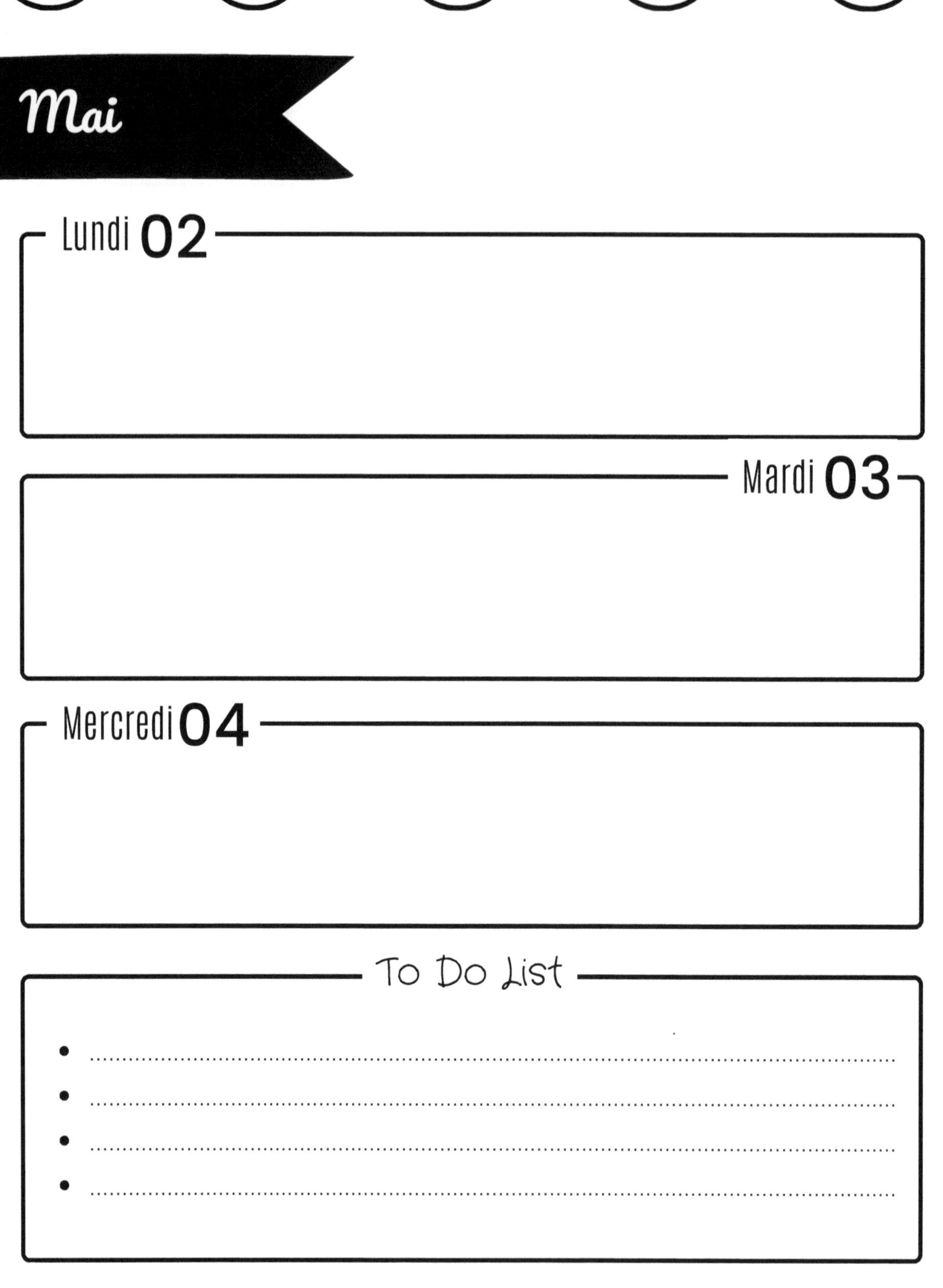

Mai

Lundi 02

Mardi 03

Mercredi 04

To Do List

- ....
- ....
- ....
- ....

2022

SEMAINE 18

LUN	MAR	MER	JEU	VEN	SAM	DIM
						1
2	3	4	5	6	7	8
9	10	11	12	13	14	15
16	17	18	19	20	21	22
23	24	25	26	27	28	29
30	31					

Jeudi **05**

Vendredi **06**

Samedi **07** Dimanche **08**

Mai

Lundi 09

Mardi 10

Mercredi 11

To Do List

- ....
- ....
- ....
- ....

2022

SEMAINE 19

LUN	MAR	MER	JEU	VEN	SAM	DIM
						1
2	3	4	5	6	7	8
9	10	11	12	13	14	15
16	17	18	19	20	21	22
23	24	25	26	27	28	29
30	31					

Jeudi **12**

Vendredi **13**

Samedi **14** Dimanche **15**

Mai

Lundi 16

Mardi 17

Mercredi 18

To Do List

- ....
- ....
- ....
- ....

2022

SEMAINE 20

LUN	MAR	MER	JEU	VEN	SAM	DIM
						1
2	3	4	5	6	7	8
9	10	11	12	13	14	15
16	17	18	19	20	21	22
23	24	25	26	27	28	29
30	31					

Jeudi **19**

Vendredi **20**

Samedi **21** Dimanche **22**

Mai

Lundi 23

Mardi 24

Mercredi 25

To Do List

- ....
- ....
- ....
- ....

2022

LUN	MAR	MER	JEU	VEN	SAM	DIM
						1
2	3	4	5	6	7	8
9	10	11	12	13	14	15
16	17	18	19	20	21	22
23	24	25	26	27	28	29
30	31					

Jeudi 26

Vendredi 27

Samedi 28 Dimanche 29

Juin

MES PROJETS

LES ANNIV'

ÉVÈNEMENTS

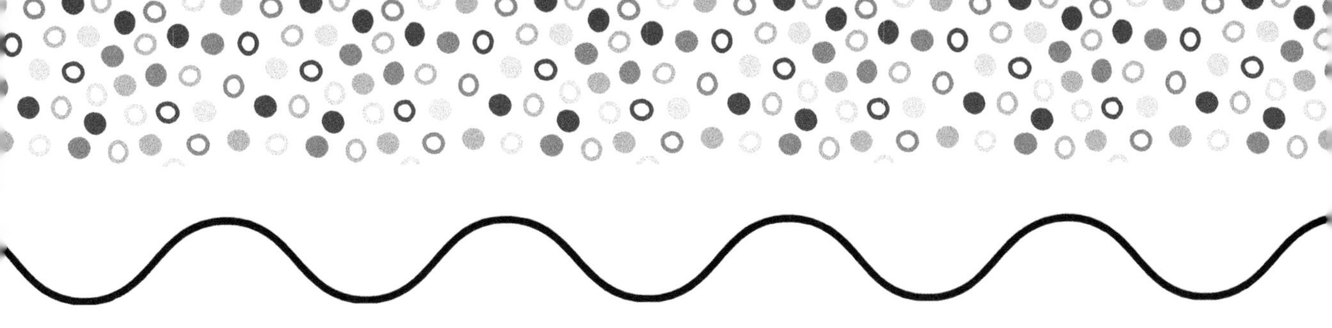

TO-DO du mois

- ……………………………………
- ……………………………………
- ……………………………………
- ……………………………………
- ……………………………………
- ……………………………………
- ……………………………………
- ……………………………………
- ……………………………………
- ……………………………………
- ……………………………………
- ……………………………………
- ……………………………………
- ……………………………………
- ……………………………………
- ……………………………………

Juin

LUNDI	MARDI	MERCREDI	JEUDI	VENDREDI
30	31	1	2	3
6	7	8	9	10
13	14	15	16	17
20	21	22	23	24
27	28	29	30	1

SAMEDI	DIMANCHE
4	5
11	12
18	19
25	26
2	3

Mai / Juin

Lundi 30

Mardi 31

Mercredi 01

To Do List

- ....
- ....
- ....
- ....

2022

LUN	MAR	MER	JEU	VEN	SAM	DIM
		1	2	3	4	5
6	7	8	9	10	11	12
13	14	15	16	17	18	19
20	21	22	23	24	25	26
27	28	29	30			

Jeudi **02**

Vendredi **03**

Samedi **04** Dimanche **05**

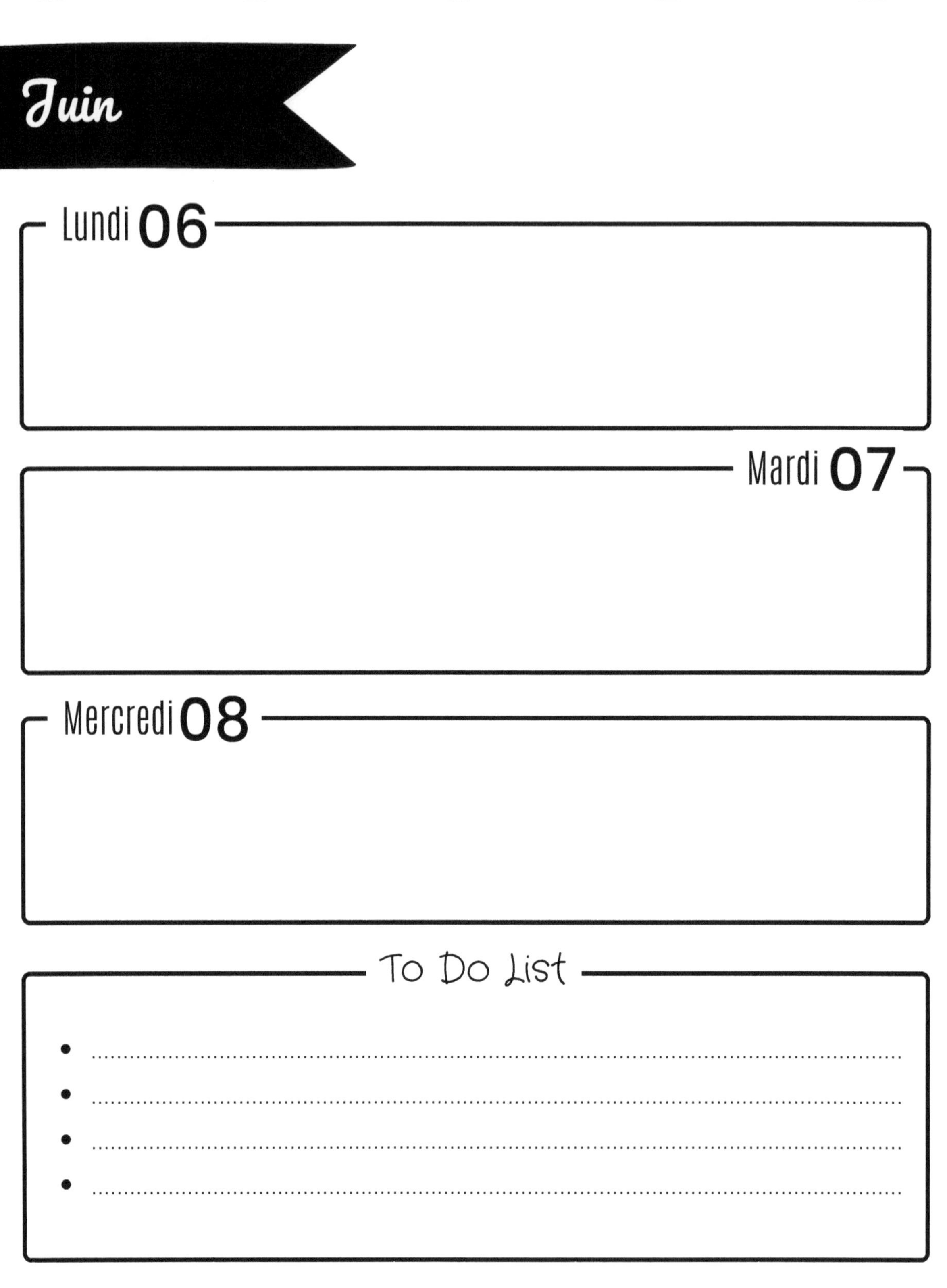
Juin
Lundi 06
Mardi 07
Mercredi 08
To Do List

2022

LUN	MAR	MER	JEU	VEN	SAM	DIM
		1	2	3	4	5
6	7	8	9	10	11	12
13	14	15	16	17	18	19
20	21	22	23	24	25	26
27	28	29	30			

Jeudi **09**

Vendredi **10**

Samedi **11** Dimanche **12**

Juin

Lundi 13

Mardi 14

Mercredi 15

To Do List

- ....
- ....
- ....
- ....

2022

SEMAINE 24

LUN	MAR	MER	JEU	VEN	SAM	DIM
		1	2	3	4	5
6	7	8	9	10	11	12
13	14	15	16	17	18	19
20	21	22	23	24	25	26
27	28	29	30			

Jeudi **16**

Vendredi **17**

Samedi **18** Dimanche **19**

Juin

Lundi **20**

Mardi **21**

Mercredi **22**

To Do List

- ....
- ....
- ....
- ....

2022

LUN	MAR	MER	JEU	VEN	SAM	DIM
		1	2	3	4	5
6	7	8	9	10	11	12
13	14	15	16	17	18	19
20	21	22	23	24	25	26
27	28	29	30			

Jeudi **23**

Vendredi **24**

Samedi **25** Dimanche **26**

Juillet

MES PROJETS

LES ANNIV'

ÉVÈNEMENTS

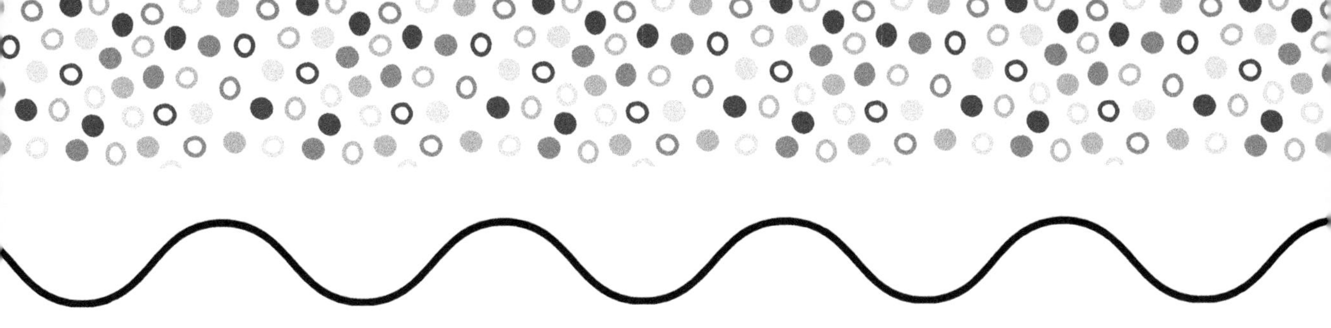

TO-DO du mois

- ....
- ....
- ....
- ....
- ....
- ....
- ....
- ....
- ....
- ....
- ....
- ....
- ....
- ....
- ....
- ....

LUNDI	MARDI	MERCREDI	JEUDI	VENDREDI
27	28	29	30	1
4	5	6	7	8
11	12	13	14	15
18	19	20	21	22
25	26	27	28	29

SAMEDI	DIMANCHE
2	3
9	10
16	17
23	24
30	31

Juin /
Juillet
Lundi 27
Mardi 28
Mercredi 29
To Do List

2022

LUN	MAR	MER	JEU	VEN	SAM	DIM
				1	2	3
4	5	6	7	8	9	10
11	12	13	14	15	16	17
18	19	20	21	22	23	24
25	26	27	28	29	30	31

Jeudi **30**

Vendredi **01**

Samedi **02** Dimanche **03**

Juillet

Lundi 04

Mardi 05

Mercredi 06

To Do List

- ....
- ....
- ....
- ....

2022

LUN	MAR	MER	JEU	VEN	SAM	DIM
				1	2	3
4	5	6	7	8	9	10
11	12	13	14	15	16	17
18	19	20	21	22	23	24
25	26	27	28	29	30	31

Jeudi **07**

Vendredi **08**

Samedi **09** Dimanche **10**

To-do list de fin d'année

FÊTE DE L'ÉCOLE

- [ ] ....
- [ ] ....
- [ ] ....
- [ ] ....
- [ ] ....
- [ ] ....
- [ ] ....
- [ ] ....
- [ ] ....
- [ ] ....

RANGEMENT

- [ ] ....
- [ ] ....
- [ ] ....
- [ ] ....
- [ ] ....
- [ ] ....
- [ ] ....
- [ ] ....

PRÉPARER LA RENTRÉE 2022-2023

- [ ] ....
- [ ] ....
- [ ] ....
- [ ] ....
- [ ] ....
- [ ] ....
- [ ] ....
- [ ] ....
- [ ] ....
- [ ] ....

DIVERS

- [ ] ....
- [ ] ....
- [ ] ....
- [ ] ....
- [ ] ....
- [ ] ....
- [ ] ....
- [ ] ....
- [ ] ....
- [ ] ....
- [ ] ....

Bilan annuel

www.ingramcontent.com/pod-product-compliance
Ingram Content Group UK Ltd.
Pitfield, Milton Keynes, MK11 3LW, UK
UKHW061655190726
13853UKWH00008B/2220

9 798512 860731